Leher...

Soch ki

Vyshnavi kanugula

BookLeaf Publishing
India | USA | UK

Made with ❤ on the BookLeaf Publishing Platform
www.bookleafpub.in
www.bookleafpub.com

Dedication

To the waves of life that shaped me,
to the people who became my anchors and my storms -
my family, my daughter and the divine presence of Lord Shiva.

And to every reader who carries their own ocean within,
may these poems meet you like familiar ripples on your journey.

Preface

Leher Soch Ki - "waves of thoughts" - is a fitting name for this book, for that is how these poems arrived: sometimes gently, sometimes with force, always carrying something within them. This collection of eighteen poems is a small offering of my heart in words - born from moments that shaped me, inspired me, and at times, tested me. They wander across many paths: the taste of biryani, the silence of a Rishi's life, the love of parents and a daughter, the bond of a brother, the devotion to Lord Shiva, and even the ache of toxic ties.

Each poem holds a different color of life - some bright as laughter, others heavy as silence, some fragrant like biryani, others still as prayer. Together, they weave love and faith, family and food, joy and struggle into a single fabric. They may not look alike, yet each verse is a thread in the same tapestry of being human.

A journey through eighteen poems - where love meets faith, food meets memory, and silence meets song. These verses rise and fall like waves, inviting you to pause, reflect, and perhaps find pieces of yourself within them.

"हर लहर एक सोच, हर सोच एक सफ़र।"

Acknowledgements

I would like to extend my heartfelt gratitude to everyone who has been a part of this journey. First and foremost, I thank Book Leaf Publication for believing in my work and giving me the opportunity to share my words with the world. Your support, dedication, and professionalism have made this dream a reality.

To my family and friends, your unwavering love and encouragement have been my foundation. Your belief in me, even in the quiet moments of doubt, has kept me going. You've been my silent audience, my first critics, and my greatest cheerleaders.

To my readers, thank you for taking the time to explore my poetry. It is my hope that these words resonate with you and evoke emotions that we all share, yet sometimes struggle to express.

Lastly, I would like to acknowledge all the poets, writers, and artists whose work has inspired me and continues to shape my craft. This collection is a small piece of the larger conversation about life, love, and the complexities of the human experience.

With deepest gratitude,
Vyshnavi Kanugula

1. मोह

ना रहेगा कुछ तुम्हारे
जो तुम्हारा है रहेगा हमेशा साथ तुम्हारे,
जो नहीं हो तुम्हारा..नहीं आजाएगा पास तुम्हारे|
रहना या ना रहना जब ना हो बस में,
सता क्यों रहा है चिंता मन को तुम्हारे?
छोड़ इस परेशानी को,
निकाल दें इस पीड़ा को,
कब था कुछ हाथों में तेरा?
जो आज मांग रहा है कुछ दिल ये तुम्हारे?
जो आये हो इस धरती पर बिना कुछ साथ लिए,
और जो जाओगे इस धरती से बिना कुछ पास लिए,
तो मोह किसकी? और अधिकार किस पर?
बस ये समझ लो ए मेरे साथी..
ना कुछ है और ना ही कुछ रहेगा बनके तुम्हारे|

2. हवा

आज दिल यह महसूस कर रहा है नई हवा कोई,
एक ऐसी हवा जिसमें खुशबु है प्यार भरी कोई,
एक ऐसी हवा जिसमें महक है जज्बातों की नई,
एक ऐसी हवा जिसके छूकर निकलने पर,
मन किया कि भर दु इसे मेरे अंदर,
समा लू इसे कई इस शरीर में,
कई गुजर ना जाए ये पल
कई बीत ना जाएं ये वक्त।
सोचती हूँ की,
कैद करलू इसे मेरे अंदर
कहीं घुम ना हो जाएं ये एहसास कहीं...
ज़रा सोचो कभी, थम जाओ कही
महसूस करने इस हवा को
जो बह गई हैं तुम्हारी ज़िंदगी में कई,
जो गुम हो गई है तुम्हारी यादों में कभी,
जी कर देखो हर पल को
कर पाओगे महसूस इस एहसास को
कई तुम्हारी ज़िंदगी से गुजर न जाए यह पल हसीन॥

3. पता नहीं क्या होगा

आज है जिंदगी, कल पता नहीं क्या होगा,
हम तो ठहरे है, पर पता नहीं कि वक्त भी साथ होगा।
मिलना चाहते हैं जिंदगी से, और करना चाहते हैं कुछ बात,
आज हैं साथ हमारे, कल पता नहीं क्या होगा।।

4. मेरी प्यारी बिरयानी

कहाँ पता था? मासूमियत से भरी इस इंसान को की, किसी चीज़
को खाने से मिल जाएगी ऐसी तजुर्बा और ऐसी सीख की एक ही पल
में समझदार मान बैठे वो खुद को,
अब आप बोलेंगे की खाना ही तो है अब नौटंकी मत करो यार,
पर यारा जब बन जाए खाना ऐसी, जिसके हर निवाले में मिले
शिद्दत की खुशबू,
प्यार से जुड़ने वाले वो हर एक दाना जो खुलते ही मुँह में घुल
जाए अपनेपन से,
और जितने अंदर जाए उतना ही स्वाद बढ़ता जाए।
और जनाब ये कम नहीं थी की मिला एक प्यारा सा भेंट अंत में
जिसने कर दी शुरुआत हमेशा साथ रहने वाले इस मीठे रिश्ते की
अब बताओ की कहाँ मिलेंगे ऐसी चीज़ जो एक ही निवाले
में शिद्दत, प्यार, और अपनेपन की खुशबू को इस तरह हम मैं गोल दे
की कभी छूटे ही ना।

5. घर घर की कहानी

एक है पैसा खाने को तैयार,
दूजा कोसने का कर रहा है इंतजार।
एक ढूँढ रहा है हमारी खामियां,
दूजा उड़ा रहा है हमारा मजाक।
लगेंगे दुश्मन, पर है हमारे रिश्तेदार।।
आज पढ़ गए सोच में की,,
रिश्तेदारों की मैं सोचूं क्यों?
जब है कोई, जो हमें समझने को हैं तैयार,
जो जीवनभर कर सकते हैं हमारा इंतजार,
जो लगेंगे फरिश्ते, पर है हमारा परिवार।
जो हो जाए वक्त मुश्किल, ये रहेंगे वफादार,
जो साथ छोड़ जाए हालत, ये करेंगे उस पल को आसान।
फिर लगा, सोच किस बात की? चिंता किस बात का?
जो मिलवाया ऐसे परिवार से हमें, उस भगवान का हमेशा रहे
शुक्रगुजार।

6. क्या पता

क्या पता कब बीत जाये ये वक्त
कब ख़तम हो जाये ये सफ़र
जो है मन मैं तुम्हारे, कह लो सब से
ना राखो मन मैं कोई द्वेष
बेह जाने दो सारी कड़वाहट
बाँटो सब मैं प्रेम का सागर
जीलो थोडा इस पल मैं
जब गुज़र जाए ये वक़्त,
तो पछतावा ही बचेगा साथ तुम्हारे
जब हो वक्त साथ मैं,
जीलों हर उस पल को जो आएगा नहीं वापस
रहो ख़ुश हमेशा साथ रखो सबको कुश हमेशा....

7. तय्यार नहीं हूं मैं

तैयार नहीं हूं मैं,
तैयार नहीं हूं मैं अभी किसी को समझने के लिये
तैयार नहीं हूं मैं अभी किसी को कुछ समझाने के लिए
कुछ वक्त खुद के साथ बिताना चाहती हूं
कुछ वक्त खुद को समझने में लगना चाहती हूं
कुछ पल ऐसे बिताना चाहती हूं, जिनमें सिर्फ मैं हूं और कोई नहीं
और लगता नहीं है मुझे कि गलत हूं मैं कहीं
बिना किसी वजह के, बिना किसी सोच के, यूँही किसीके
आरज़ू अब नहीं किये जाते मुझसे पूरी
चोड दो मुझे अपने हाल पे,
बंद करदो कुछ सिखाना,
रोक दो अपने विचार मुझपे थोपना,
अब शायद लागू मैं गलत पर, हॉ ये सच है
मुझे बस जीना है अपने हाल पे
अब बस कहना है मुझे सबसे यहीं की
तैयार नहीं हूं मैं....

8. भाई

कभी सोचा नहीं कि होगा कोई मेरे दिल के इतना पास
कभी लगा नहीं की बन जाएगा कोई मेरे लिए इतना ख़ास
यकीन नहीं होता कि इतने बड़े हो गये हम
पर याद रखना हमेशा
कि ये बहन आपकी हमेशा रहेगी आपके साथ
आज सोचती हूँ की,
क्या थे वो दिन जब साथ मैं खेलते थे हम
क्या थी वो बात जब साथ में लड़ते थे हम
पर याद है...
की चाहे जितना लड़े
साथ हमेंशा रहते थे हम...
वक़्त भी ये बेवफ़ा निकली
बदल दिया उन पलों को हमारे
पर आज हुआ एहसास की,
कितना गहरा हो गया है ये रिश्ता हमारा
आये कितने भी साल जिंदगी में,
गुजरे जितना भी समय है जीवन में,
आप रहोगे प्यारा हमारा
जब भी लगे ये वक्त मुश्किल
जब भी लगे कोई काम ना मुमकिन

याद करना कि कोई है जो करता है आपसे प्यार बेइंतहा...
जो जीते हैं हमारे लिए,
जो बनेंगे हमारा सहारा,
जो किया हमारे माँ–पापा ने हमारे लिए
याद रखना उस प्यार को,
देना है कुछ प्यार उनको भी
खड़ा होना है हमें उनके लिए भी
बस इतना है आज तुमसे कहना
कि हो आप हम सबके दिलों का सहारा...

9. भोलेनाथ

मन मैं है जिसका नाम
सोच मैं हे जिसकी याद
हर वक्त जपती हु जिसकि जाप
कहते हैं उसे वैरागी, हमारे लिए
भोलेनाथ हैं जिसका नाम....

10. जानती नहीं थी

जानती नहीं थी की, सुबह होगी इतनी प्यारी...
ये ठंडी हल्की हवा छूके जैसे कह रही है, देखने सूरज को,
जो लग रहा है जैसा जगा रहा है सारा संसार को...
ये नन्हीं सी पंछी जैसे, तैय्यार कर रही हैं हमें नई उड़ान को...
और ये महक मिट्टी की जैसे , भर रही है श्वास मैं मेरे प्राण...
ये हरि पेड़ झूम रही है जैसे, मन को मेरे उल्लास मैं नचाने को...
ये बादल जैसे दे रही मार्ग नई सुबह को...
ये ऐसा दृश्य देख कर उठ रहा प्रश्न मन में....की सुबह इतनी खूबसूरत है,...येह पहचान क्यों नई पाई मैं आज तक!!?...
आज देखा इसे, पहचाना इस प्यारी सी कला को,
तो अपने आप को लिखने से रोक नहीं पाई की,...
मैं जानती नहीं थी की, सुबह होगी इतनी प्यारी...

11. आज दिन हैं नया

आज दिन हैं नया, वक़्त भी ये नया है
हंसी भी नई और उसके पीछे की वजह भी नई है...
हम तो रह गए सोच में, की वक्त ये बदला है? या..,
हमे ही बदल दिया है?
नई है ताकत तन मैं,
नई है हौंसला इस मन में,
अब पड़ गए सोच मैं की,
मंजिल तक पहुंचें हम हैं???
या मंजिल ही हम तक पहुंच गई हैं!...

12. आवाज़

बातें तो बहुत थी कहने को,
मन भी ये तरस रहा था बोलने को,
साथी तो बहुत थे बातें बॉटने को,
पर शब्दों से भिछाए हुए इन बातों से,
किसी को हम क्या ही समझा पाते
कि वो सिर्फ़ बाते नहीं, आवाज़ थी हमारे मन की
जो तरस रहा था बहने को...

13. भूतनाथ

भस्म रचे हैं तन पर सारे,
चंद्र विराजे मस्तक प्यारे।
गंगा बहती जटाओं से,
जगत सँभाले अपनी बाहों से।
डमरू बजता, गूँज मचाता,
हर जीव को जीवन सिखाता।
भूत-प्रेत सब संग तुम्हारे,
सब दुख हरते, हो रखवाले।
भोलेनाथ, औघड़ दानी,
तुम हो सबके सुख के ज्ञानी।
रौद्र रूप में भी करुणामय,
तुमसे बढ़कर कौन कृपामय।
भूतनाथ! तुम सदा सहारे,
न कोई बड़ा, न कोई तुम्हारे|

14. सिर्फ शिव

शिव हैं सागर, शिव हैं धारा,
शिव से चलता जग सारा।
शिव हैं भीतर, शिव हैं बाहर,
शिव ही जीवन के आधार।
भोले हैं, सरल हैं दानी,
सबके दुख हरते बलवानी।
रौद्र भी हैं, शांति स्वरूप,
शिव हैं अनंत, अद्भुत रूप।
जपें अगर हम "ॐ नमः शिवाय",
मन में उतरें शांति समाय।
शिव ही सत्य, शिव ही प्रेम,
शिव से रोशन जीवन क्षेम।

15. वक्त कि क़ीमत

वक़्त रेत सा हाथ से फिसल जाता है,
रुकने को कहो तो भी कहाँ रुक पाता है।
जो हर पल को सहेज लेता है प्यार से,
जीवन उसका खिलता है बहार से।
वक़्त को मत गँवाओ यूँ ही बहक कर,
यही तो सिखाता है जीना सँवर कर।

16. राजऋषि

सिंहासन पर बैठे फिर भी, मन में गहरा ध्यान,
राजमुकुट के नीचे छिपा, ऋषि का सच्चा ज्ञान।
शक्ति को न दंभ बना ले, सेवा ही उसका धर्म,
जन-जन के दुःख हरने को, खोले करुणा का मर्म।
राजपथ हो या वन-प्रांतर, एक सम दृष्टि वही,
राजा होकर भी जग में, ऋषि समान सही।

17. सच्चे साथी

साया बन कर चलते हैं जीवन की हर डगर,
आंधी में भी थामे रखते हैं हमें संवर।
उनके बिना अधूरी है हर खुशी की पहचान,
माँ का स्नेह, पिता का विश्वास—जीवन का सम्मान।
त्याग, धैर्य और ममता का अद्भुत है वरदान,
माता-पिता ही हैं सच में, ईश्वर का प्रतिमान।

18. बेटी

तुम आई जीवन में जैसे रौशनी,
अंधेरों में भी जगाई है खुशी।
तेरी हँसी ने दी नई ताकत,
तेरी नज़र ने दिखाया नया रास्ता।
तुम हो मेरी प्रेरणा, मेरा उजाला,
तुमसे ही मेरा हर सपना हकीकत बन पाया।

www.ingramcontent.com/pod-product-compliance
Lightning Source LLC
LaVergne TN
LVHW022033200926
848481LV00007B/2671
* 9 7 9 8 8 9 8 6 5 9 5 9 2 *